# Minipuzzles

# Mini puzzles

# So geht's:

Das Beispiel zeigt, wie du mit miniLÜK spielst. Die Übung findest du auf Seite 2 und 3.
Öffne das miniLÜK®-Kontrollgerät und lege den durchsichtigen Boden des Kontrollgerätes auf die untere Übungsseite deines miniLÜK-Heftes.

Nimm Plättchen 1. und sieh dir Aufgabe 1. an.
Hier siehst du ein Auto. Schau es dir genau an. Suche nun das gleiche Auto auf der unteren Seite.
Lege dann das Plättchen 1. mit der Ziffer nach oben auf das passende Auto auf der unteren Seite.

So spielst du weiter, bis alle 12 Plättchen auf dem durchsichtigen Teil des Kontrollgerätes liegen und keine Bilder mehr zu sehen sind.
Dann schließt du das Kontrollgerät und drehst es um. Wenn du das bei der Übung abgebildete Muster siehst, hast du alles richtig gemacht.

Passen einige Plättchen nicht in das Muster, löst du diese Übungen noch einmal.

Stimmt es jetzt?
Dann nun viel Spaß!

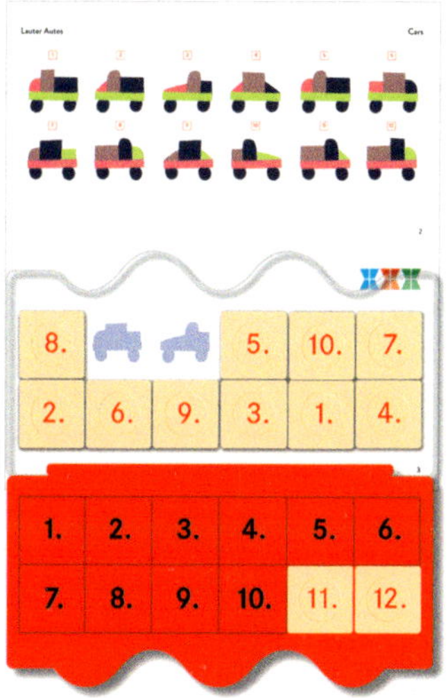

Lauter Autos

Cars

Kunterbunte Bienen

Colourful bees

1

2

3

4

5

6

7

8

9

10

11

12

## Schwarze und farbige Mandalas

## Black and coloured mandalas

1

2

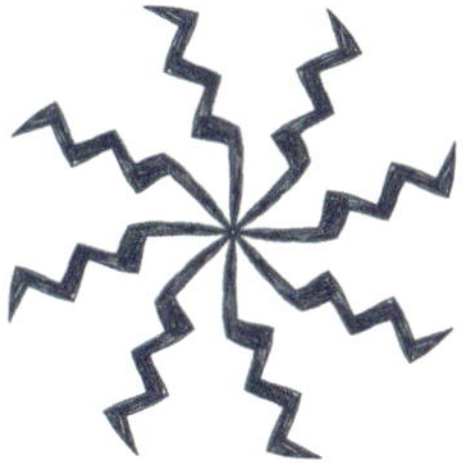

3

4

5

6

7

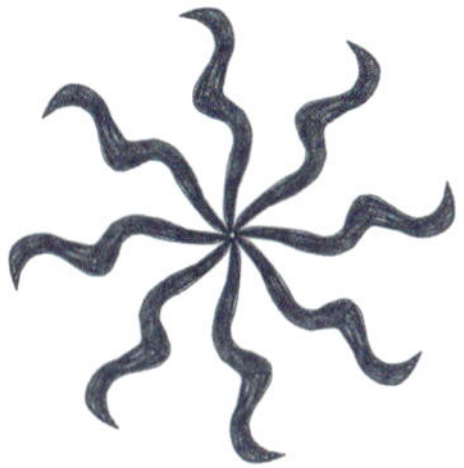

8

9

10

11

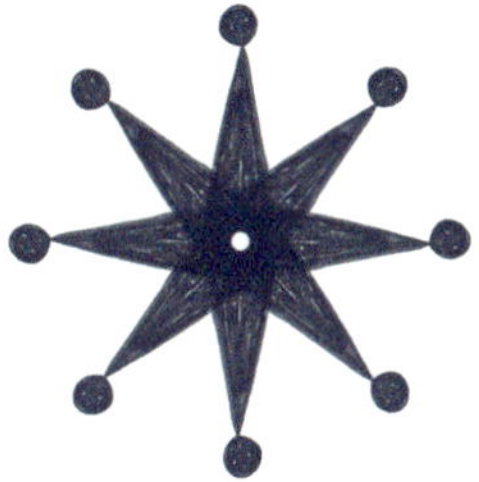

12

## Gespiegelte Fische

## Mirrored fish

Versteckte Formen

Hidden shapes

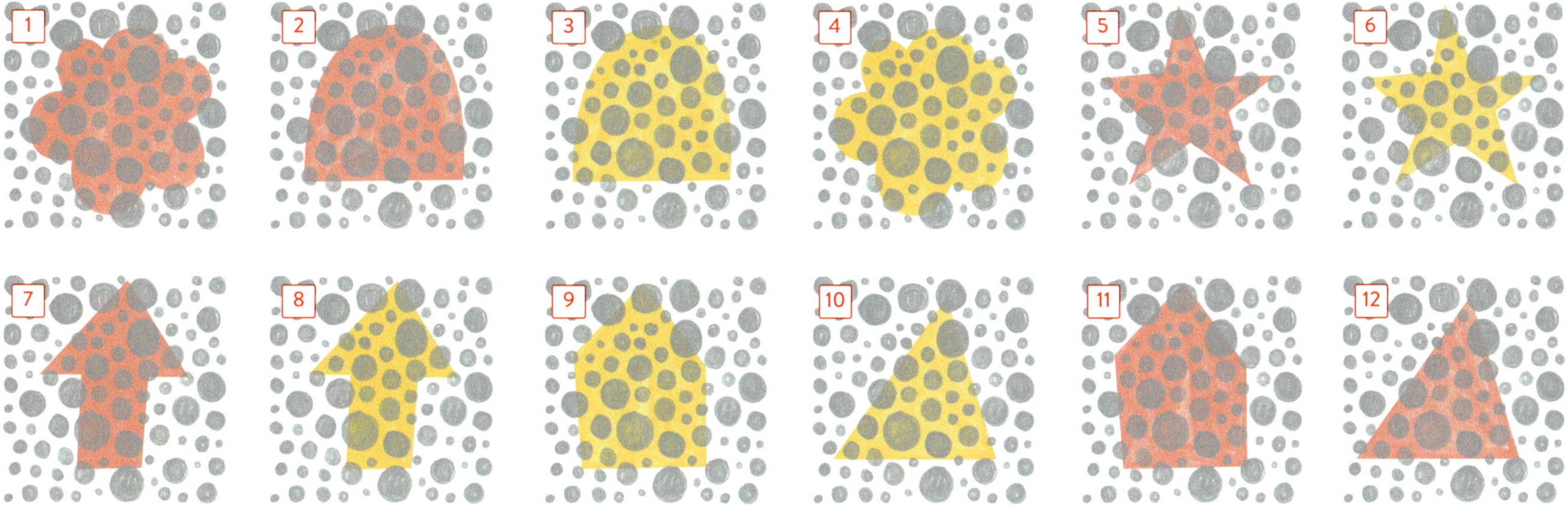

## Renn-Tiere

## Running animals

1

2

3

4

5

6

7

8

9

10

11

12

# Kreisformen

# Circles

Schiffe

Find the ship!

Bären-Puzzle

Bear puzzles

Geisterstunde

Witching hour

Gleiche Richtungen

Same directions

Prinzessinnen Princesses

Außerirdische Aliens